CONTENTS

PREFACE	2
Introduction	4
Structure de ce livre	5
À qui s'adresse ce livre ?	6
Bonne lecture	7
CHAPITRE 1 : Fonctionnement des Banques Commerciales Ordinaires	8
CHAPITRE 2 : Ce que font les Compagnies d'Assurance	10
CHAPITRE 3 : Comment fonctionne la Finance Décentralisée (DeFi) ?	12
CHAPITRE 4 : CRYPTEX ET SON IMPACT DANS LA FINANCE DÉCENTRALISÉE (DeFi)	14
Conclusion	22

DeFi

La Finance Décentralisée: guide complet pour débutants et investisseurs expérimentés

PREFACE

La finance décentralisée (DeFi) représente l'une des innovations les plus passionnantes et transformatrices du secteur financier actuel. À travers ce e-book, notre objectif est de démystifier la DeFi pour les débutants tout en offrant des perspectives enrichissantes aux investisseurs expérimentés. En tant qu'auteur, j'ai été fasciné par le potentiel de la DeFi à remodeler notre compréhension des services financiers, en les rendant plus accessibles, transparents et efficaces. Cet ouvrage est conçu pour être une ressource complète et, permettant à chaque lecteur de comprendre les concepts fondamentaux de la DeFi, de découvrir ses applications pratiques, et d'explorer les opportunités offertes par cette révolution financière. Je souhaite également mettre en lumière la plateforme Cryptex qui se positionne comme un acteur clé dans cet écosystème en croissance. Cryptex offre des solutions innovantes pour relier les banques commerciales, les compagnies d'assurance et les utilisateurs, tout en garantissant la sécurité et la confidentialité des transactions. Je tiens à exprimer ma gratitude envers tous ceux qui ont contribué à ce e-book, notamment les experts de la DeFi, les utilisateurs de Cryptex, et tous les pionniers de cette nouvelle ère financière. J'espère que ce livre vous inspirera et vous encouragera à explorer davantage les possibilités infinies de la finance décentralisée.

Bonne lecture !

Gaston SODJINOU

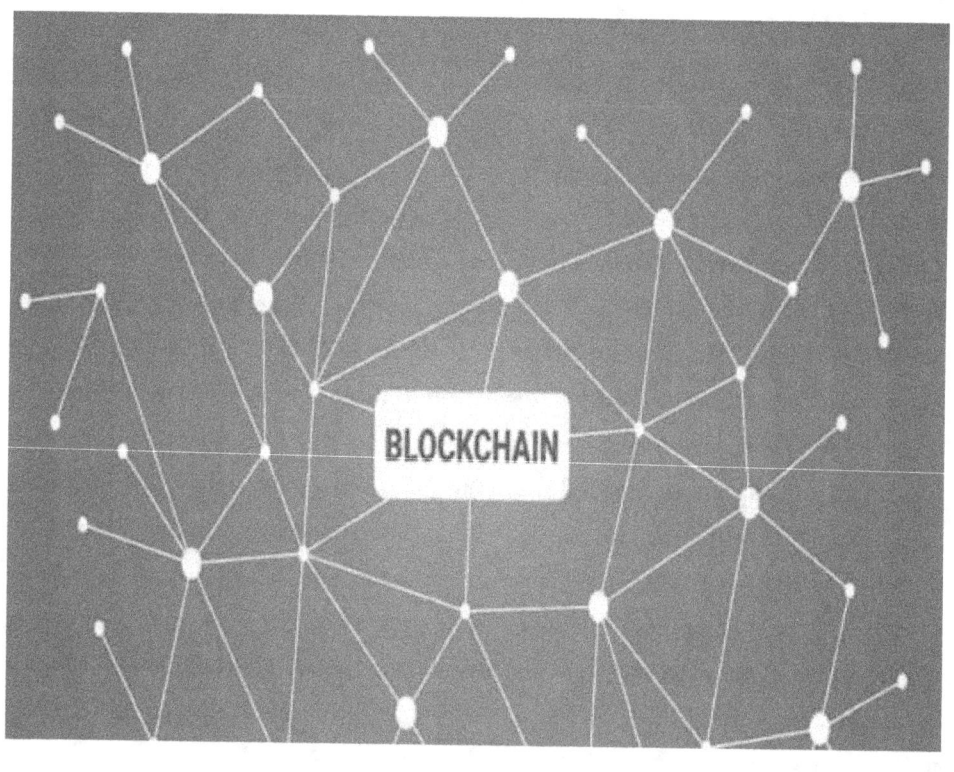

INTRODUCTION

La Finance Décentralisée, ou DeFi, est en train de transformer le monde de la finance telle que nous la connaissons. En utilisant la technologie blockchain, la DeFi offre une alternative aux systèmes financiers traditionnels en permettant des transactions et des services financiers sans intermédiaire. Ce livre est conçu pour vous guider à travers les concepts fondamentaux de la DeFi, ses applications, et les opportunités qu'elle offre. Qu'est-ce que la DeFi ? La DeFi se réfère à un ensemble d'applications financières construites sur des technologies blockchains. Contrairement aux services financiers traditionnels, la DeFi fonctionne sans intermédiaires centralisés tels que les banques ou les institutions financières. Les transactions sont vérifiées par des smart contrats, qui sont des programmes autonomes exécutant des instructions prédéfinies lorsqu'elles sont remplies. Pourquoi la Finance Décentralisée(DeFi) est-elle importante ? La DeFi offre plusieurs avantages par rapport aux systèmes financiers traditionnels

Accessibilité : Toute personne avec une connexion internet peut accéder aux services DeFi.

Transparence : Toutes les transactions sont enregistrées sur une blockchain publique.

Sécurité : La technologie blockchain offre un niveau de sécurité élevé contre les fraudes et les manipulations.

STRUCTURE DE CE LIVRE

Ce livre est structuré en plusieurs sections pour vous aider à naviguer facilement et à comprendre les différents aspects de la DeFi :

1. **Fonctionnement des Banques Commerciales Ordinaires** : Nous explorerons comment les banques commerciales traditionnelles opèrent et leurs limitations.

2. **Ce que font les Compagnies d'Assurance** : Nous verrons comment les compagnies d'assurance gèrent les risques financiers.

3. **Comment fonctionne la Finance Décentralisée (DeFi)** : Nous expliquerons les principes fondamentaux de la DeFi et ses avantages.

4. **Cryptex et son Impact dans la DeFi** : Une étude de cas sur Cryptex, une plateforme utilisant la DeFi pour offrir des solutions innovantes dans le secteur financier.

À QUI S'ADRESSE CE LIVRE ?

Ce e-book est destiné à un large public, des débutants en crypto aux investisseurs expérimentés. Notre objectif est de rendre la DeFi accessible et compréhensible pour tous, tout en fournissant des informations approfondies pour ceux qui souhaitent aller plus loin.

Nous espérons que ce livre vous fournira les connaissances et l'inspiration nécessaires pour explorer le monde passionnant de la finance décentralisée.

BONNE LECTURE

CHAPITRE 1 : FONCTIONNEMENT DES BANQUES COMMERCIALES ORDINAIRES

Les banques commerciales jouent un rôle central dans l'économie mondiale en offrant divers services financiers tels que les comptes courants, les comptes d'épargne, les prêts et les investissements. Elles servent d'intermédiaires entre les déposants et les emprunteurs, en utilisant les dépôts pour accorder des prêts, tout en générant des profits à travers les taux d'intérêt.

Processus de Prêt : Lorsque vous déposez de l'argent dans une banque, celle-ci prête une partie de ces fonds à d'autres clients sous forme de prêts hypothécaires, de prêts commerciaux ou de prêts personnels. Les banques facturent des intérêts sur ces prêts, qui sont supérieurs aux intérêts qu'elles paient sur les dépôts, créant ainsi une marge bénéficiaire.

Risques et Limitations : Les banques commerciales sont confrontées à divers risques, notamment le risque de crédit, le risque de liquidité et le risque de taux d'intérêt. De plus, elles sont soumises à une réglementation stricte pour protéger les déposants et maintenir la stabilité financière. Cependant, ces réglementations peuvent limiter leur flexibilité et leur capacité à innover. Il y a aussi régulièrement l'inflation qui menace parfois les banques ordinaires. Un taux d'inflation élevé peut même entrainer la fermeture temporaire ou définitive d'une banque, mettant ainsi en péril l'économie des déposants. Par ailleurs, les déposants dans les banques ordinaires ne sont pas libres de retirer leur argent pour en faire tout ce qu'ils veulent. Il faut obligatoirement justifier ce que vous voulez faire avec votre argent avant de pouvoir retirer une partie si la banque analyse et juge nécessaire. En résumé, les limites ne sont exhaustives.

CHAPITRE 2 : CE QUE FONT LES COMPAGNIES D'ASSURANCE

Les compagnies d'assurance jouent un rôle crucial en aidant les individus et les entreprises à gérer les risques financiers. Elles offrent une variété de produits, tels que l'assurance vie, l'assurance santé, l'assurance automobile et l'assurance habitation, pour protéger contre les pertes financières imprévues.

Principe de mutualisation des risques

L'assurance repose sur le principe de mutualisation des risques. En payant des primes, les assurés transfèrent leurs risques individuels à la compagnie d'assurance, qui les regroupe avec ceux d'autres assurés. Cela permet de répartir les coûts des sinistres parmi un grand nombre de personnes, rendant les pertes financières plus gérables.

Fonctionnement des Polices d'Assurance

Une police d'assurance est un contrat entre l'assuré et l'assureur. L'assuré paie une prime régulière en échange de la promesse de l'assureur de payer une indemnisation en cas de sinistre couvert par la police. Les compagnies d'assurance utilisent des actuaires pour évaluer les risques et déterminer les primes appropriées.

GASTONSODJINOU

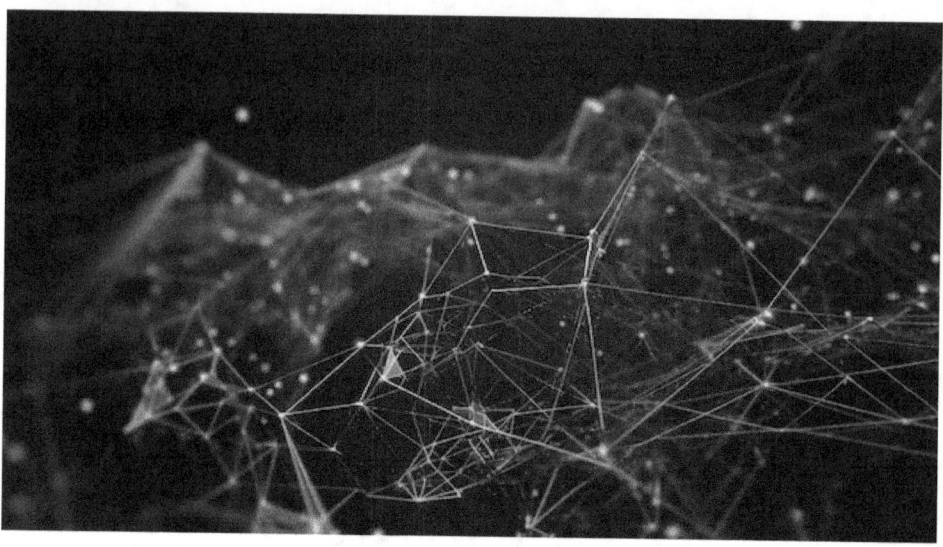

CHAPITRE 3 : COMMENT FONCTIONNE LA FINANCE DÉCENTRALISÉE (DEFI) ?

La DeFi repose sur la technologie blockchain pour offrir des services financiers sans intermédiaire. Les smart contrats, les programmes autonomes exécutant des instructions prédéfinies, sont au cœur de la DeFi. Voici quelques-unes de ses principales applications :

a) Prêts et Emprunts :

Les plateformes de DeFi permettent aux utilisateurs de prêter et d'emprunter des crypto monnaies de manière décentralisée. Les smart contrats gèrent automatiquement les conditions des prêts, éliminant ainsi le besoin d'un intermédiaire centralisé.

b) Échanges Décentralisés (DEX)

Les DEX permettent aux utilisateurs d'échanger des crypto monnaies directement entre eux sans passer par une bourse centralisée.

Cela offre une plus grande transparence et réduit les risques de fraude ou de manipulation. Vous gagnez en temps et en sérénité. Les prêts sont automatisés et instantanés. Vous n'avez pas besoin de fournir des nombreux documents appelés "pièces à fournir".

c) Staking et Yield Farming

Le staking consiste à verrouiller des crypto-monnaies dans un réseau blockchain pour soutenir ses opérations et en obtenir des récompenses.

Le "yield far ming" quant à lui, implique de fournir des liquidités à des protocoles DeFi en échange de rendements élevés. On les appelle aussi les validateurs ou les masternodes. Lorsqu'une transaction se fait dans la blockchain, les "frais de gaz" ou frais de transaction sont assurés par ces protocoles contre des récompenses très élevées. Quelqu'un qui fait le staking et le farming à long terme a naturellement plus de rendement que les dépôts à terme (DT) dans les banques ordinaires.

CHAPITRE 4 : CRYPTEX ET SON IMPACT DANS LA FINANCE DÉCENTRALISÉE (DEFI)

INTRODUCTION A CRYPTEX

AVIS DE NONRESPONSABILITÉ

Je ne suis pas un conseiller en investissement ou placements financiers ! Toutes les informations et données dans cette partie du livre sont à titre informel et à des fins éducatives uniquement. Il ne s'agit pas d'investissement financier, ou de toute autre offre ou solution commerciale. En général, le trading de crypto-monnaie implique des risques. Il est spéculatif et peut donner lieu à une perte de tout ou de partie des actifs dont vous disposez. Les personnes qui achètent des cryptos monnaies agissent uniquement à leurs risques et périls sous leur propre responsabilité. Toute personne qui reçoit des récompenses de ce projet Cryptex est entièrement responsable sur le plan juridique et fiscal quant à l'utilisation de celles-ci. Toutes les prévisions faites sur l'avenir sont faites de ce que nous observons à ce jour. Elles ne constituent aucunement une promesse ou une garantie. Nos contenus sont à but éducatif et ne doivent en aucun cas se substituer à un conseil financier. L'investissement comporte assez de risques. Avant de vous engager, faites vos propres recherches de votre côté ou avec de l'aide.

Cryptex est une plateforme qui utilise depuis 2017 la DeFi et vise à connecter divers acteurs du secteur financier traditionnel, y compris les banques commerciales cryptographiques et les compagnies d'assurance, avec les utilisateurs de manière transparente et efficace. Fonctionnement d'un Contrat via Cryptex Cryptex facilite des contrats complexes qui impliquent plusieurs parties et utilisent les fonctionnalités avancées de la DeFi :

1) Emprunt par la "Banque cryptographique" : Une banque commerciale cryptographique utilise Cryptex pour emprunter des fonds ou des actifs (Bitcoin ou ETH) à un individu ou à une entité, en fixant les termes du prêt via un contrat intelligent.

2) Mise en Staking et Assurance du Prêt : Une fois les fonds empruntés, Cryptex les met en Staking sur une plateforme DeFi pour une période définie. Pendant ce temps, un assureur couvre le prêt, assurant ainsi la sécurité financière du processus.

3) Échéance du Contrat : À l'échéance du contrat, plusieurs événements se produisent :

- La banque est remboursée du montant emprunté, plus les intérêts convenus.

- L'assureur reçoit une compensation pour sa couverture du risque.

- L'utilisateur qui a fourni les fonds via Cryptex reçoit un rendement ou des récompenses pour sa participation au Staking.

Avantages de l'Approche de Cryptex

Cryptex apporte plusieurs avantages grâce à son utilisation innovante de la DeFi :

- **Efficacité et automatisation** : Les contrats sont exécutés automatiquement via des contrats intelligents, réduisant les délais et les frais administratifs.

- **Transparence et Sécurité :** Toutes les transactions sont enregistrées sur la blockchain, assurant une transparence totale et une sécurité renforcée.

- **Accès Mondial** : Cryptex élimine les barrières géographiques, permettant à des utilisateurs du monde entier de participer à des transactions financières sophistiquées.

Pour illustrer l'impact de Cryptex, des témoignages d'utilisateurs satisfaits et des études de cas de succès peuvent être intégrés pour démontrer l'efficacité et la valeur ajoutée de la plateforme dans le secteur financier.

Témoignages et étude de cas:

Témoignage de François S., utilisateur de Cryptex "Je suis utilisateur de Cryptex depuis trois ans et j'ai été impressionné par leur approche innovante dans la finance décentralisée. Lorsque j'ai participé à un contrat via Cryptex, j'ai été rassuré par leur transparence et leur sécurité. À l'échéance du contrat, j'ai reçu mes gains exactement comme prévu, et j'ai pu voir chaque transaction enregistrée sur la blockchain. Cela m'a donné confiance en leur plateforme."

Témoignage de Rock, utilisateur de Cryptex: "Je m'appelle Rock, je vis de Cryptex depuis dix huit mois. Mon contrat de trois ans n'est pas encore à terme mais grâce au parrainage, j'ai déjà retiré plus de vingt-huit mille (28000$) USD/BTC (dollars Bitcoin) alors que mon seul contrat ne m'a coûté que cent-un (101$) USD/BTC. Je n'ai plus d'autre job et je n'en cherche plus."

Ce n'est pas fini, j'ai découvert plusieurs témoignages et preuves de Cryptex sur You Tube et vous pouvez voir encore en cliquant sur ces liens :

1:https://www.youtube.com/watch?v=8NKgX8BnAho&t=206s&pp=ygUXdMOpbW9pZ25hZ2Ugc3VyIGNyeXB0ZXg%3D

2:https://www.youtube.com/watch?v=9ZdgkSTeXg&t=63s&pp=ygUXdMOpbW9pZ25hZ2Ugc3VyIGNyeXB0ZXg%3D

Sécurité et Garanties : En examinant les transactions effectuées par Cryptex, il est à noté que la plateforme a utilisé un portefeuille contenant 40.068 Bitcoin sur Binance. Certains utilisateurs de Cryptex ont pu tracer l'adresse du portefeuille qui les a payés sur la blockchain et ont découvert cette énorme quantité de Bitcoin dans ce portefeuille, sachant que **la blockchain ne ment pas**. Cette approche renforce la confiance des utilisateurs en assurant la sécurité des fonds impliqués dans les contrats DeFi.

Cryptex se distingue dans l'écosystème DeFi en offrant une gamme de contrats spécifiques qui facilitent des interactions sécurisées entre les utilisateurs, les banques cryptographiques et les compagnies d'assurance.

Voici un aperçu détaillé de ce que propose Cryptex.

Les types de contrats : Cryptex propose actuellement trois types de contrats, chacun offrant des avantages spécifiques :

1). Contrat de 3 ans.

- Crédit Offert : **30240$ USD(BTC)**

- Blocage des fonds : Le capital est bloqué pendant toute la durée du contrat.

- Bénéfice Projeté après 3 Ans : **35097$ USD(BTC)**

2). Contrat de 5 Ans

- Crédit Offert : **42300$ USD(BTC)**

- Blocage des fonds : Tous les fonds sont sécurisés pour la durée du contrat.

- Bénéfice Projeté après 5 Ans: **477.487$ USD(BTC)**

3). Contrat de 7 Ans :

- Crédit Offert : **42300$ USD(BTC)**

- Blocage des fonds: Le capital reste sécurisé jusqu'à la fin du contrat.

- Bénéfice Projeté après 7 Ans : **1.000.000$USD(BTC)**

NB : Le contrat de 10 ans sera lancé très bientôt.

Fonctionnement avec les acteurs financiers lorsque vous choisissez un contrat sur Cryptex :

- Banques : Mettent à disposition le capital qui est sécurisé par *des compagnies d'assurance* dès le début du contrat.

Conditions Avantageuses

- **Coût d'un Contrat** : Environ **100$USD/BTC**, sans frais supplémentaires.

- **Conditions Favorables** : Aucun abonnement, prélèvement ou obligation de parrainage. Simplification de l'inscription et anonymat total.

Cryptex garantit une inscription simple et anonyme :

- **Anonymat total** : Aucune donnée personnelle n'est requise en dehors d'un email actif et d'un mot de passe pour s'inscrire.

- **Sécurité renforcée** : Utilisation de la technologie blockchain pour sécuriser toutes les transactions tout en protégeant la confidentialité des utilisateurs. Engagement envers la sécurité et la transparence Cryptex s'engage à garantir la sécurité et la transparence pour tous les utilisateurs, en utilisant la technologie blockchain pour enregistrer toutes les transactions et garantir la conformité des contrats.

Pour en savoir plus sur Cryptex et commencer à explorer les opportunités qu'il offre, vous pouvez visiter: https://secure.cryptex.to/MyRegister.php?a=C4654917811

Vous pouvez voir quelques illustrations en images ci-dessous :

PLONGER DANS LA FINANCE DECENTRALISEE:

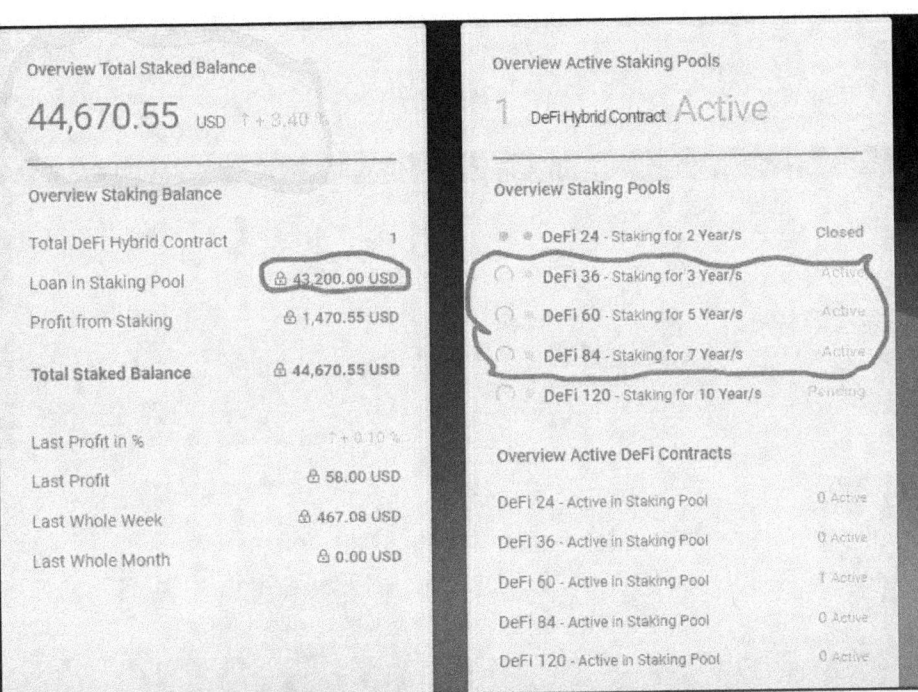

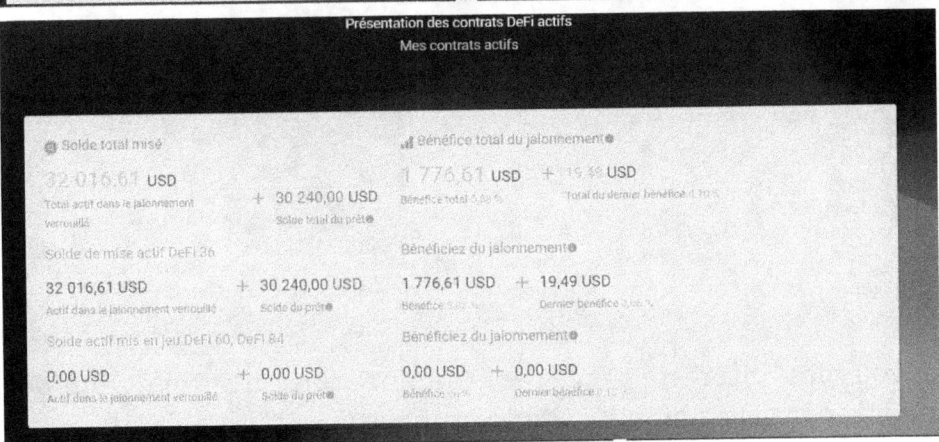

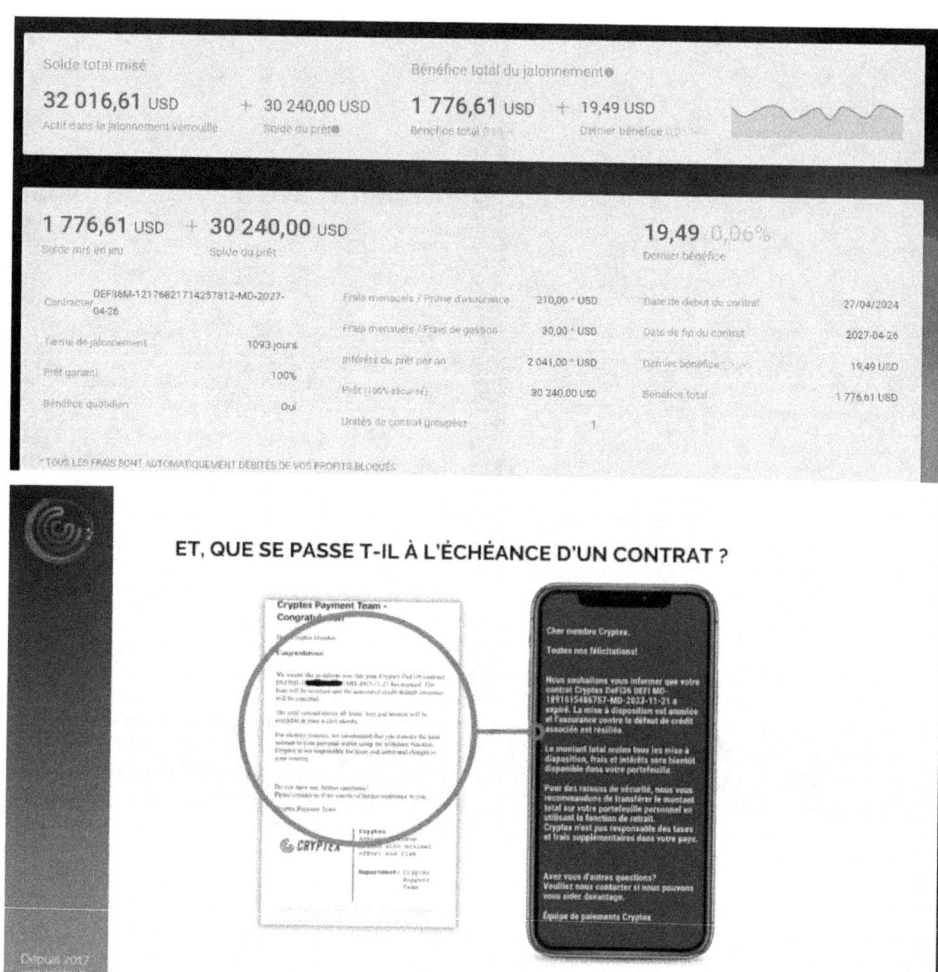

Si vous êtes intéressé par ce passionnant projet, inscrivez-vous dès maintenant avec mon lien de parrainage :

https://secure.cryptex.to/MyRegister.php?a=C4654917811

CONCLUSION

La finance décentralisée (DeFi) est plus qu'une simple innovation technologique ; elle représente une transformation radicale de notre façon d'interagir avec l'argent. En offrant des solutions transparentes, sécurisées et accessibles, la DeFi ouvre des opportunités inédites pour les investisseurs de tout niveaux. À travers ce e-book, nous avons exploré le fonctionnement des banques commerciales et des compagnies d'assurance traditionnelles, mis en lumière les avantages uniques de la DeFi, et présenté Cryptex, une plateforme qui utilise ces technologies pour offrir des solutions financières novatrices. Pourquoi choisir Cryptex ? Cryptex se distingue par son approche sécurisée et transparente, permettant à ses utilisateurs de maximiser leurs rendements tout en minimisant les risques.

Voici quelques raisons de choisir Cryptex :

-**Sécurité des Fonds** : Avec des garanties solides et une assurance complète, vos investissements sont protégés.

- **Opportunités de rendement** : Les contrats proposés par Cryptex offrent des rendements attractifs, adaptés à différentes durées d'investissement.

- **Simplicité et anonymat** : L'inscription est simple et ne nécessite qu'un email actif et un mot de passe, garantissant ainsi votre anonymat.

-**Transparence totale** : Toutes les transactions sont vérifiables sur la blockchain, assurant une transparence complète.

Témoignages des utilisateurs : Les utilisateurs de Cryptex ont exprimé leur satisfaction quant à la facilité d'utilisation de la plateforme et aux rendements générés. Grâce à une gestion rigoureuse et une technologie de pointe, Cryptex a pu gagner la confiance de nombreux investisseurs. Rejoignez la Révolution DeFi avec Cryptex. En vous inscrivant gratuitement à Cryptex, vous ne faites pas qu'investir dans une plateforme, vous devenez partie prenante d'une révolution financière. Que vous soyez un débutant en crypto ou un investisseur chevronné, Cryptex offre des solutions adaptées à vos besoins, avec la promesse de rendements sécurisés et transparents. Ne laissez pas passer cette opportunité. Rejoignez Cryptex aujourd'hui librement et volontairement et découvrez comment la finance décentralisée peut transformer vos stratégies d'investissement et vous offrir des perspectives nouvelles et passionnantes. Inscrivez-vous maintenant à Cryptex : https://secure.cryptex.to/MyRegister.php?a=C4654917811

Nous espérons que ce e-book vous a fourni des connaissances précieuses et une nouvelle perspective sur la finance décentralisée.

Merci de votre lecture, et bienvenue dans l'univers passionnant de la DeFi avec Cryptex !

Pour en savoir plus sur Cryptex et ses avantages non énumérés ici, contactez-moi via l'un des liens ci-dessous :

GroupeWhatsApp:https://chat.whatsapp.com/BESOOWZLT9KBPAJMmifECL

Télégramme: https://t.me/+A20d2JyECSlmN2Q0

Contact direct : https://wa.me/22994414345

PLONGER DANS LA FINANCE DECENTRALISEE:

www.ingramcontent.com/pod-product-compliance
Lightning Source LLC
Chambersburg PA
CBHW072058230526
45479CB00010B/1136